AF188435

Impressum
Verlag: BABADADA GmbH, Nedderfeld 112 , 22529 Hamburg
Geschäftsführer / Verlagsleitung: Harald Hof
Druck: Books on Demand GmbH, In de Tarpen 42, 22848 Norderstedt

Imprint
Publisher: BABADADA GmbH, Nedderfeld 112 , 22529 Hamburg, Germany
Managing Director / Publishing direction: Harald Hof
Print: Books on Demand GmbH, In de Tarpen 42, 22848 Norderstedt, Germany

Šola

escuela

Razred
aula

Deljenje
dividir

186/2

Šolsko dvorišče
patio de escuela

Tabla
mesa

Učitelj
docente

Papir
papel

Pisati
escribir

Pisalo
bolígrafo

Pisalna miza
escritorio

Ravnilo
regla

Knjiga
libro

Učenec
alumno

Šolska torba

mochila escolar

Peresnica

caja de lápices

Svinčnik

lápiz

Šilček

sacapuntas

Radirka

goma de borrar

Risalni blok

bloc de dibujo

Risba

dibujo

Čopič

pincel

Vodene barvice

caja de pinturas

Škarje

tijera

Lepilo

pegamento

Zvezek

libro de ejercicios

Domača naloga

tarea

Število

número

Seštevanje

sumar

Odštevanje

restar

Množenje

multiplicar

Računanje

calcular

Črka

letra

Abeceda

alfabeto

Beseda

palabra

Besedilo

texto

Brati

leer

Kreda

tiza

Učna ura

lección

Redovalnica

libro de clase

Preizkus znanja

examen

Spričevalo

certificado

Šolska uniforma

uniforme escolar

Izobrazba

educación

Enciklopedija

enciclopedia

Univerza

universidad

Mikroskop

microscopio

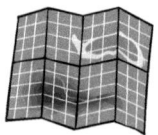

Zemljevid

mapa

Koš za smeti

cesto de papeles

Hotel
hotel

Hostel
albergue

Menjalnica
casa de cambio

Kovček
maleta

Avtomobil
auto

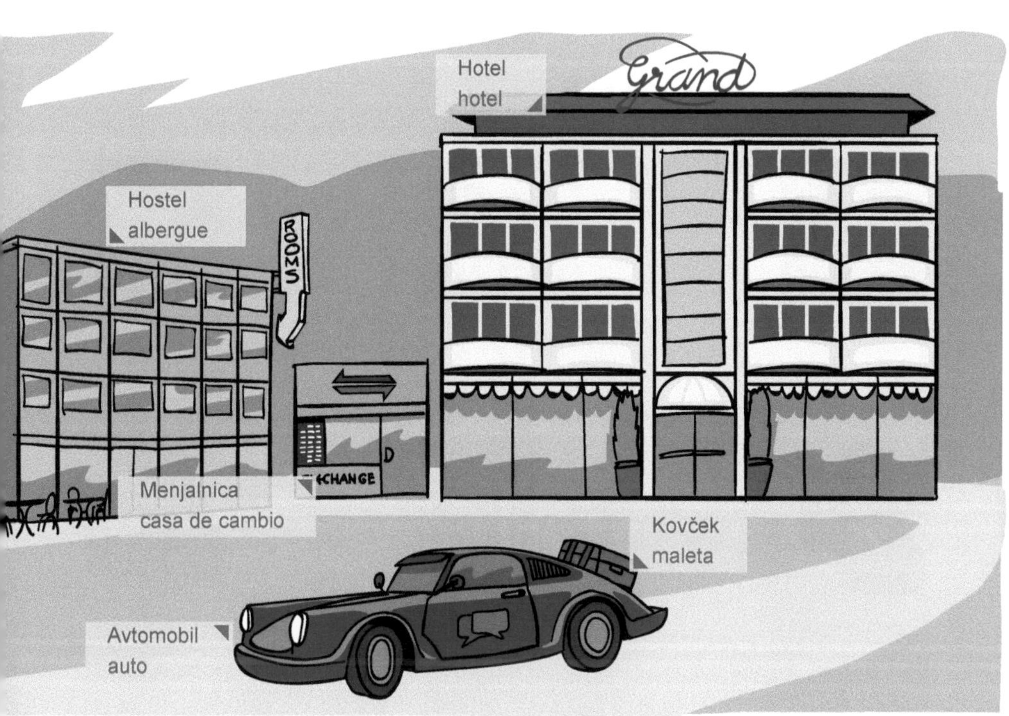

Jezik
idioma

da / ne
sí / no

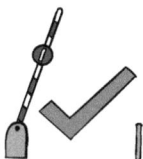

Prav
ok

Pozdravljeni
hola

Prevajalec
intérprete

Hvala
gracias

Koliko stane...?

¿Cuánto cuesta...?

Ne razumem

No entiendo

Težava

problema

Dober večer!

¡Buenas tardes!

Dobro jutro!

¡Buenos días!

Lahko noč!

¡Buenas noches!

Nasvidenje

adiós

Smer

dirección

Prtljaga

equipaje

Torba

bolso

Nahrbtnik

mochila

Gost

invitado

Soba

cuarto

Spalna vreča

saco de dormir

Šotor

tienda de campaña

Turistične informacije

información al turista

Plaža

playa

Kreditna kartica

tarjeta de crédito

Zajtrk

desayuno

Kosilo

almuerzo

Večerja

cena

Vozovnica

pasaje

Dvigalo

ascensor

Znamka

sello

Meja

límite

Carina

aduana

Veleposlaništvo

embajada

Vizum

visa

Potni list

pasaporte

Prevoz

transporte

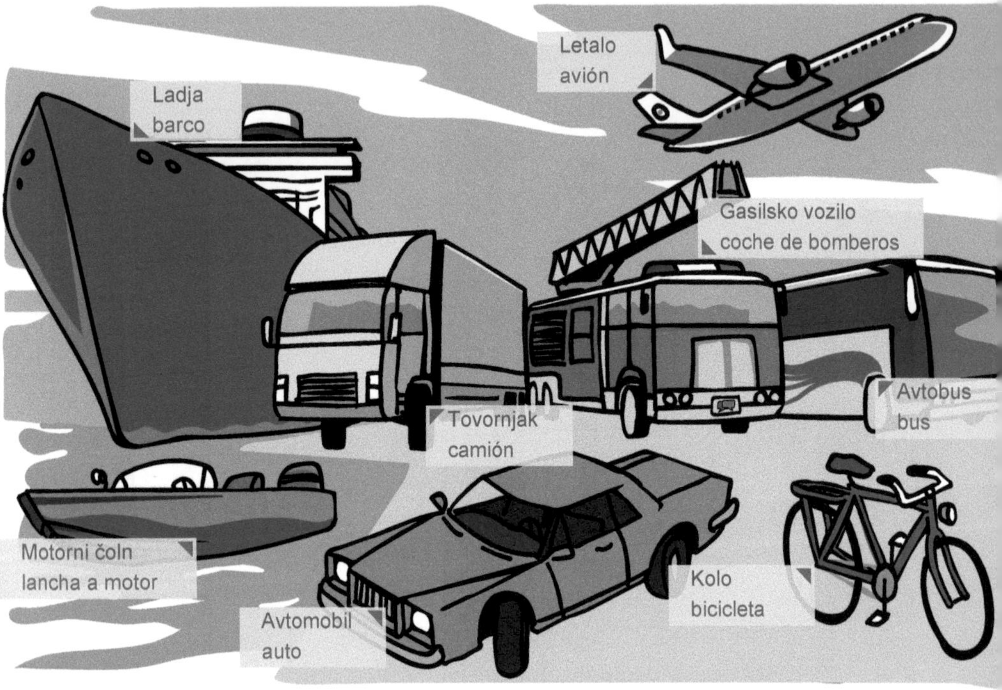
Letalo
avión
Ladja
barco
Gasilsko vozilo
coche de bomberos
Avtobus
bus
Tovornjak
camión
Motorni čoln
lancha a motor
Kolo
bicicleta
Avtomobil
auto

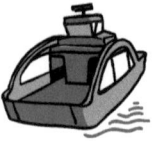

Trajekt

balsa

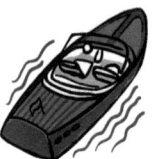

Čoln

lancha

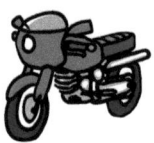

Motorno kolo

motocicleta

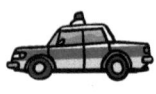

Policijski avto

auto de policía

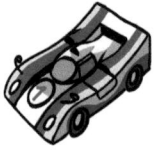

Dirkalni avto

auto de carreras

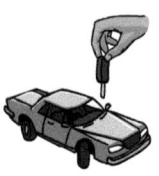

Najeto vozilo

auto de alquiler

Souporaba avtomobila

alquiler de autos

Avtovleka

grúa

Smetarsko vozilo

vehículo recolector de basura

Motor

motor

Gorivo

gasolina

Bencinska postaja

gasolinera

Prometni znak

señal de tráfico

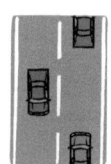

Promet

tránsito

Zastoj

atasco

Parkirišče

estacionamiento

Železniška postaja

estación de tren

Tirnice

carril

Vlak

tren

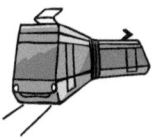

Tramvaj

tranvía

Vagon

vagón

Helikopter

helicóptero

Letališče

aeropuerto

Stolp

torre

Potnik

pasajero

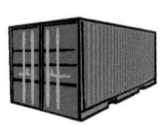

Kontejner

contenedor

Karton

caja de cartón

Voziček

carro

Košara

cesta

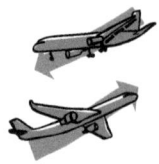

vzleteti / pristati

despegar / aterrizar

Mesto

ciudad

Vas

aldea

Mestno jedro

centro de la ciudad

Hiša

casa

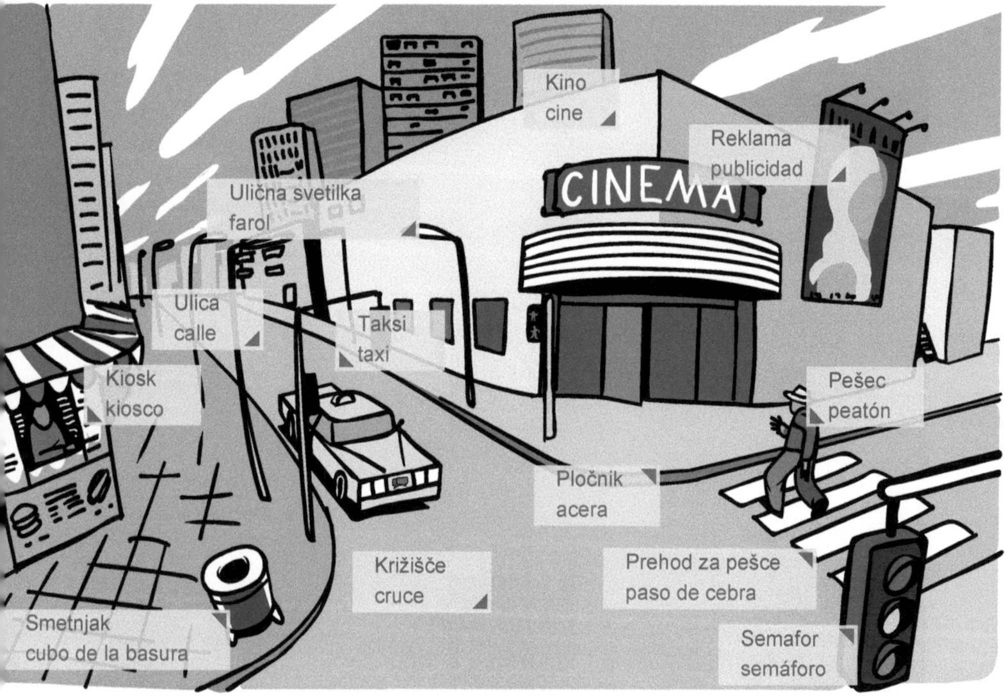

Kino
cine

Reklama
publicidad

Ulična svetilka
farol

CINEMA

Ulica
calle

Taksi
taxi

Pešec
peatón

Kiosk
kiosco

Pločnik
acera

Križišče
cruce

Prehod za pešce
paso de cebra

Smetnjak
cubo de la basura

Semafor
semáforo

Koča

cabaña

Stanovanje

apartamento

Železniška postaja

estación de tren

Mestna hiša

ayuntamiento

Muzej

museo

Šola

escuela

Univerza

universidad

Banka

banco

Bolnišnica

hospital

Hotel

hotel

Lekarna

farmacia

Pisarna

oficina

Knjigarna

librería

Trgovina

negocio

Cvetličarna

florería

Supermarket

supermercado

Tržnica

mercado

Veleblagovnica

grandes almacenes

Ribarnica

pescadería

Nakupovalno središče

centro comercial

Pristanišče

puerto

Park	Klop	Most
parque	banco	puente

Stopnice	Podzemna železnica	Predor
escalera	metro	túnel

Avtobusno postajališče	Bar	Restavracija
parada de autobuses	bar	restaurante

Poštni nabiralnik	Ulična tabla	Parkirna ura
buzón de correo	letrero	parquímetro

Živalski vrt	Kopališče	Mošeja
zoológico	piscina	mezquita

Kmetija

granja

Onesnaževanje

polución

Pokopališče

cementerio

Cerkev

iglesia

Otroško igrišče

parque infantil

Tempelj

templo

Pokrajina
paisaje

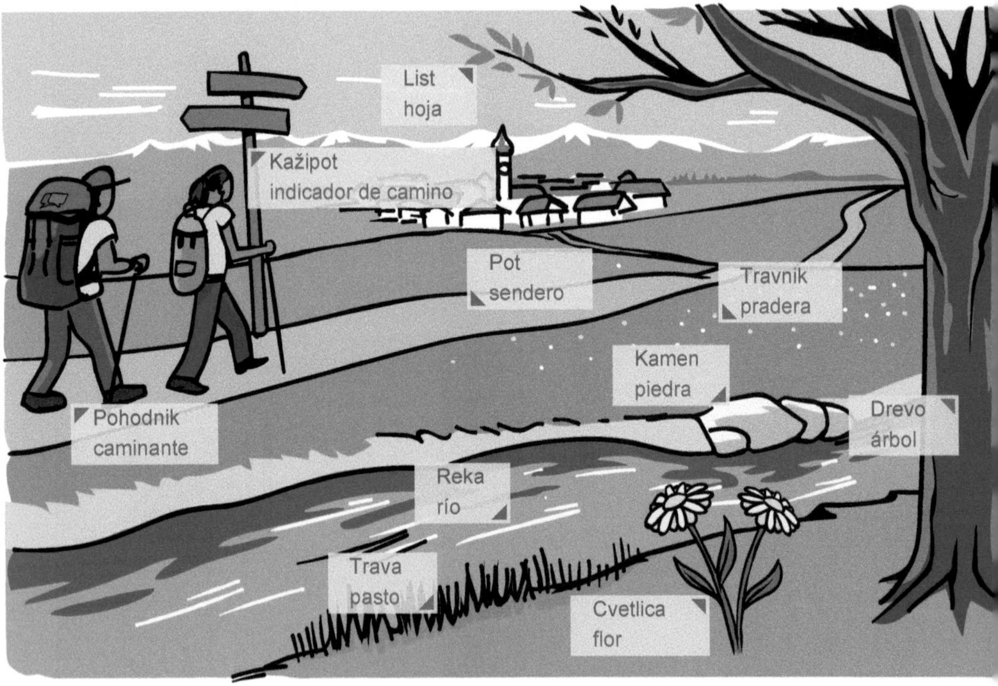

List
hoja

Kažipot
indicador de camino

Pot
sendero

Travnik
pradera

Kamen
piedra

Drevo
árbol

Pohodnik
caminante

Reka
río

Trava
pasto

Cvetlica
flor

Dolina
valle

Hrib
montaña

Jezero
lago

Gozd
bosque

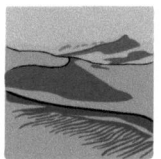

Puščava
desierto

Vulkan
volcán

Grad
castillo

Mavrica
arco iris

Goba
seta

Palma
palmera

Komar
mosquito

Muha
mosca

Mravlja
hormiga

Čebela
abeja

Pajek
araña

Hrošč

escarabajo

Žaba

rana

Veverica

ardilla

Jež

erizo

Zajec

liebre

Sova

lechuza

Ptič

pájaro

Labod

cisne

Divji prašič

jabalí

Jelen

ciervo

Los

alce

Jez

embalse

Vetrnica

aerogenerador

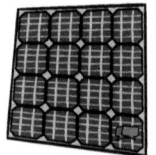

Solarna plošča

módulo solar

Podnebje

clima

Restavracija
restaurante

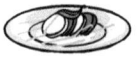

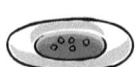

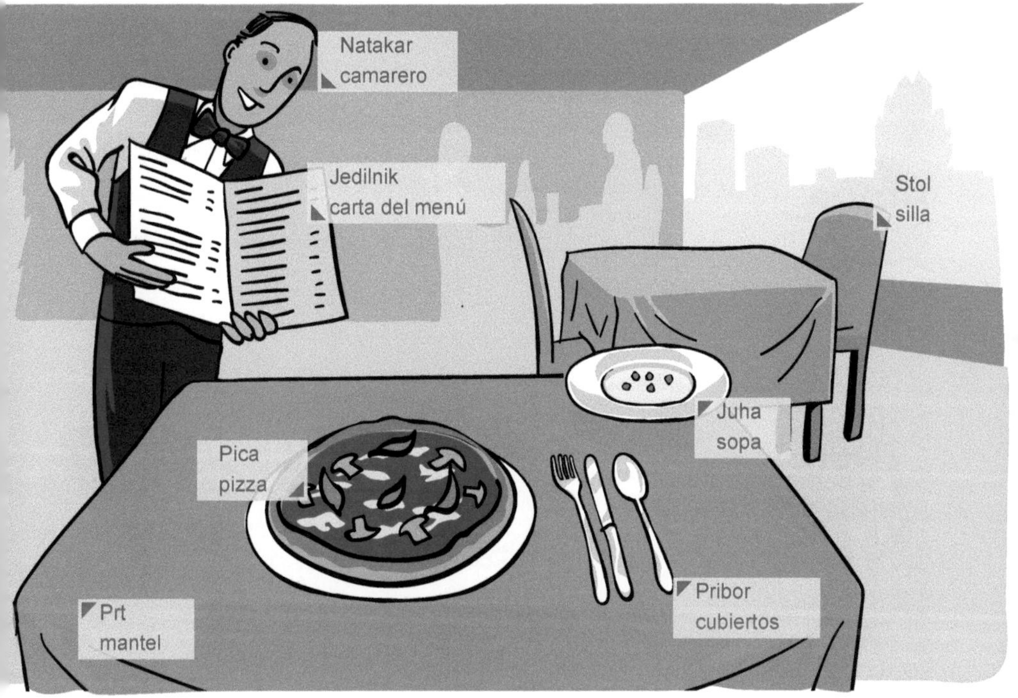
Natakar
camarero
Jedilnik
carta del menú
Stol
silla
Juha
sopa
Pica
pizza
Pribor
cubiertos
Prt
mantel

Predjed

entrada

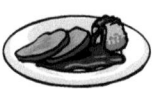

Glavna jed

plato principal

Sladica

postre

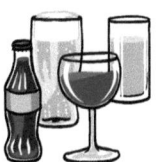

Pijače

bebida

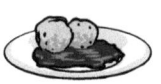

Hrana

comida

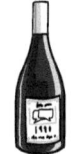

Steklenica

botella

Hitra hrana

comida rápida

Ulična hrana

comida callejera

Čajnik

tetera

Sladkornica

azucarera

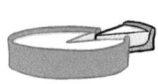

Porcija

porción

Aparat za espresso

máquina de espresso

Stolček za hranjenje

silla alta

Račun

factura

Pladenj

bandeja

Nož

cuchillo

Vilica

tenedor

Žlica

cuchara

Čajna žlička

cuchara de té

Servieta

servilleta

Kozarec

vaso

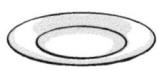

Krožnik

plato

Globoki krožnik

plato de sopa

Krožniček

platillo

Omaka

salsa

Solnica

salero

Mlinček za poper

molinillo para pimienta

Kis

vinagre

Olje

aceite

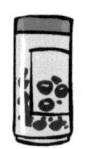

Začimbe

especias

Kečap

ketchup

Gorčica

mostaza

Majoneza

mayonesa

Supermarket
supermercado

Posebna ponudba
oferta
FOR
Stranka
cliente
Mlečni izdelki
productos lácteos
Sadje
fruta
Nakupovalni voziček
carrito de compras

BUTCHERS

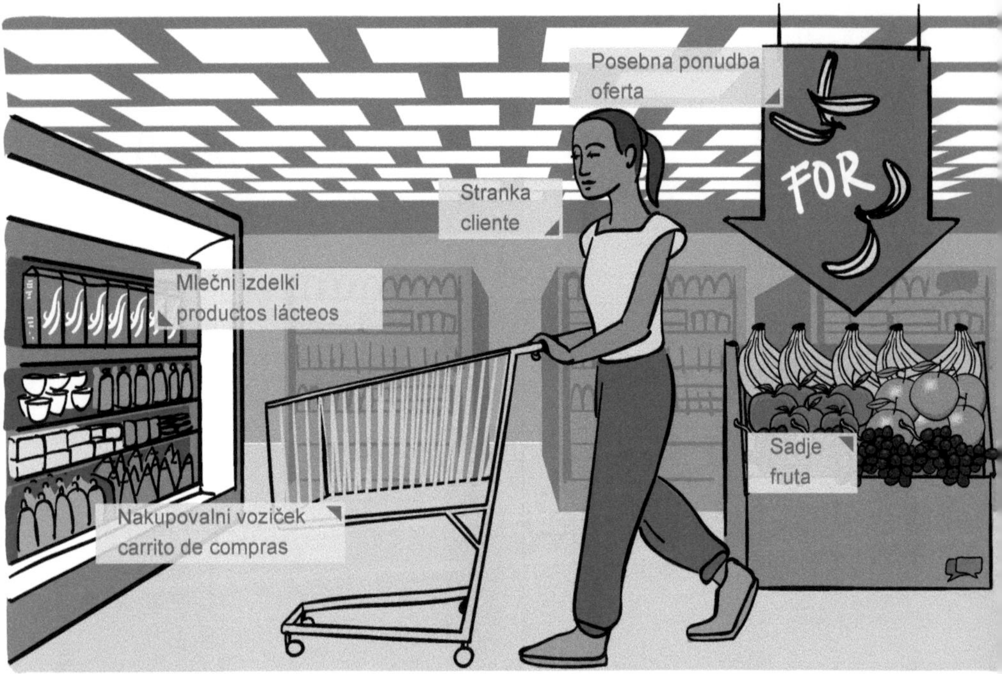

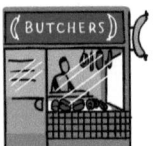

Mesnica

carnicería

BAKERY

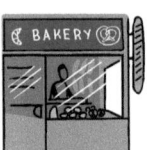

Pekarna

panadería

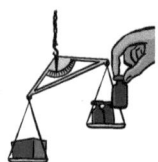

Tehtati

pesar

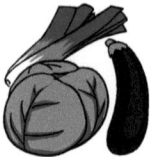

Zelenjava

verdura

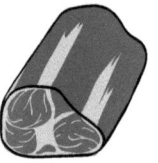

Meso

carne

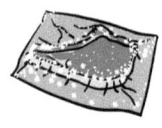

Zamrznjena hrana

alimentos congelados

Hladne mesnine

fiambre

Konzerve

conservas

Pralni prašek

detergente en polvo

Sladkarije

dulces

Gospodinjski izdelki

artículos domésticos

Čistilno sredstvo

productos de limpieza

Prodajalka

vendedora

Blagajna

caja

Blagajnik

cajero

Nakupovalni seznam

lista de compras

Delovni čas

horario de atención

Denarnica

cartera

Kreditna kartica

tarjeta de crédito

Torba

maleta

Plastična vrečka

bolsa plástica

Voda

agua

Sok

jugo

Mleko

leche

Kola

refresco de cola

Vino

vino

Pivo

cerveza

Alkohol

alcohol

Kakav

cacao

Čaj

té

Kava

café

Espresso

espresso

Kapučino

cappuccino

Banana

banana

Jabolko

manzana

Pomaranča

naranja

Lubenica

sandía

Limona

limón

Korenje

zanahoria

Česen

ajo

Bambus

bambú

Čebula

cebolla

Goba

seta

Oreščki

nueces

Rezanci

fideos

Špageti

espagueti

Riž

arroz

Solata

ensalada

Ocvrt krompirček

patatas fritas

Pečen krompir

patatas salteadas

Pica

pizza

Hamburger

hamburguesa

Sendvič

sándwich

Zrezek

escalope

Šunka

jamón

Salama

salame

Klobasa

embutido

Piščanec

pollo

Pečenka

asado

Riba

pescado

Ovseni kosmiči

copos de avena

Musli

musli

Koruzni kosmiči

copos de maíz tostado

Moka

harina

Rogljiček

croissant

Žemlja

panecillo

Kruh

pan

Prepečenec

tostada

Piškoti

galletas

Maslo

mantequilla

Skuta

cuajada

Torta

pastel

Jajce

huevo

Pečeno jajce na oko

huevo frito

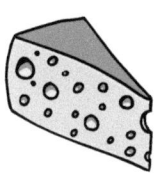

Sir

queso

Sladoled

helado

Sladkor

azúcar

Med

miel

Marmelada

mermelada

Čokoladni namaz

praliné

Kari

curry

Kmetija
granja

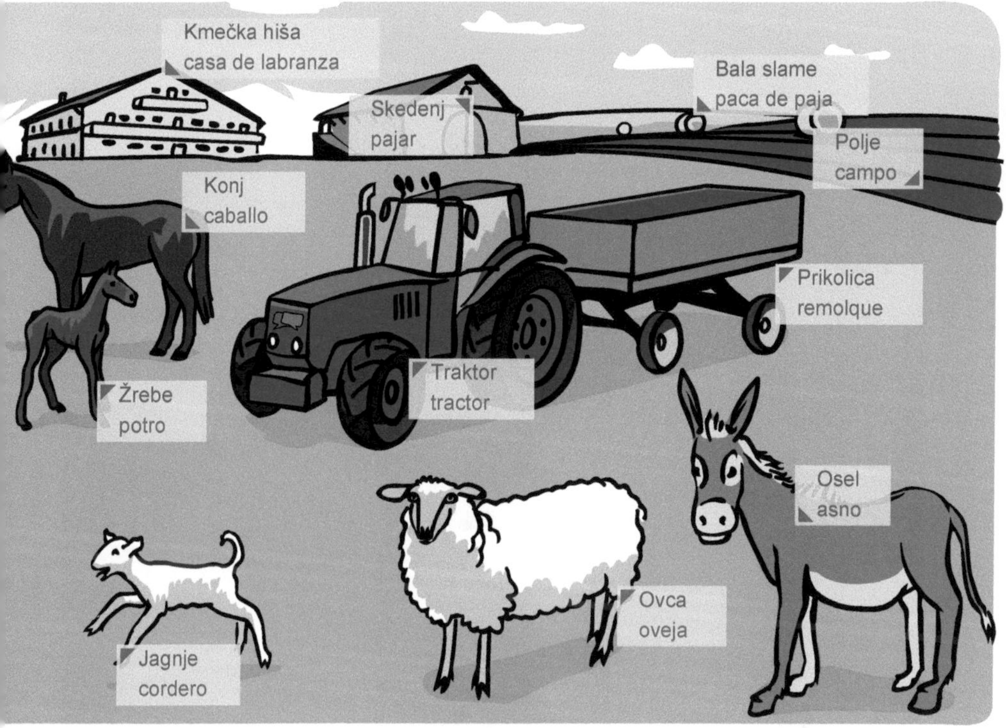
Kmečka hiša
casa de labranza
Skedenj
pajar
Bala slame
paca de paja
Polje
campo
Konj
caballo
Prikolica
remolque
Traktor
tractor
Žrebe
potro
Osel
asno
Ovca
oveja
Jagnje
cordero

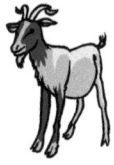

Koza

cabra

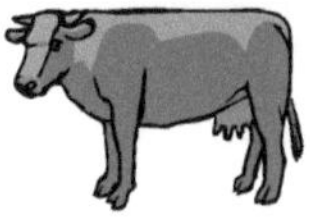

Krava

vaca

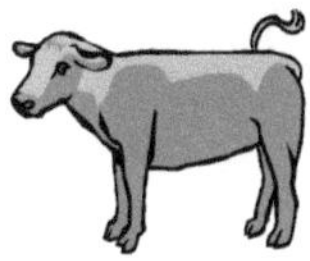

Tele

ternero

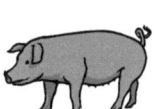

Prašič

cerdo

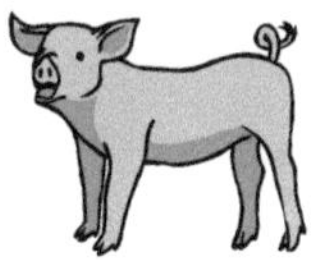

Pujsek

lechón

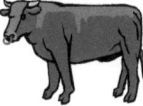

Bik

toro

Gos

ganso

Raca

pato

Piščanec

polluelo

Kokoš

pollo

Petelin

gallo

Podgana

rata

Mačka

gato

Miš

ratón

Vol

buey

Pes

perro

Pasja uta

caseta del perro

Cev za zalivanje

manguera de riego

Kangla za zalivanje

regadera

Kosa

guadaña

Plug

arado

Srp
hoz

Motika
azada

Vile
bieldo

Sekira
hacha

Samokolnica
carretilla

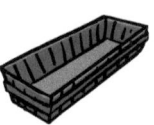

Korito
abrevadero

Kangla za mleko
lechera

Vreča
saco

Ograja
cerca

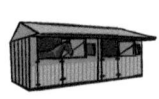

Hlev
establo

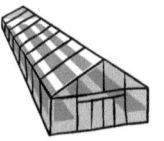

Rastlinjak
invernadero

Prst
suelo

Seme
semilla

Gnojilo
fertilizante

Kombajn
cosechadora

Žeti

cosechar

Žetev

cosecha

Jam

raíz de ñame

Pšenica

trigo

Soja

soja

Krompir

patata

Koruza

maíz

Oljna ogrščica

colza

Sadno drevo

Árbol frutal

Maniok

mandioca

Žito

cereales

Hiša

casa

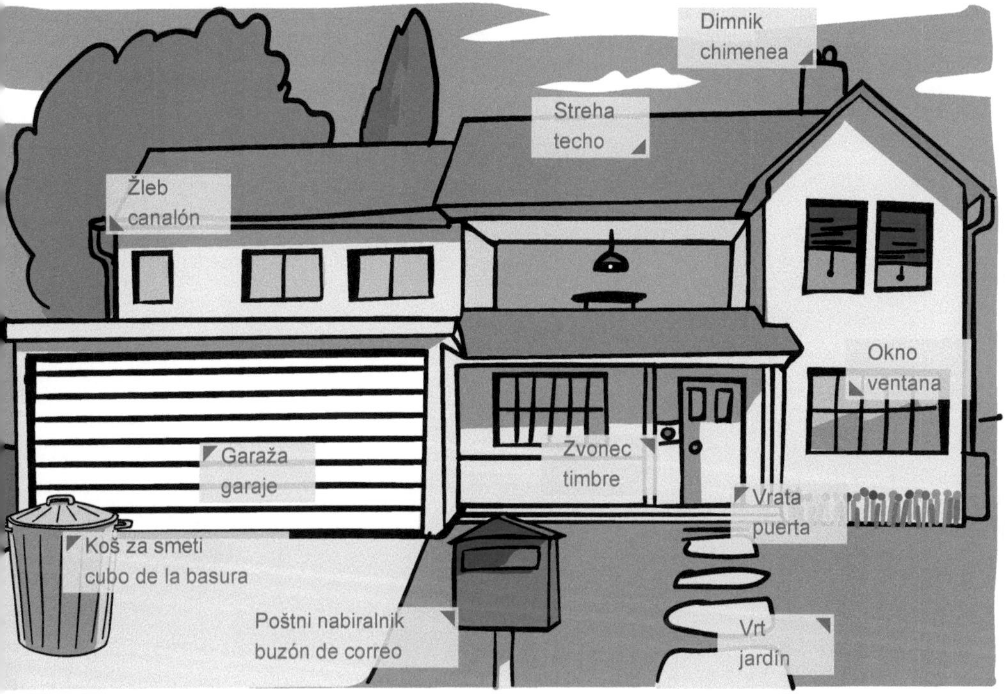

Dimnik
chimenea
Streha
techo
Žleb
canalón
Okno
ventana
Zvonec
timbre
Garaža
garaje
Vrata
puerta
Koš za smeti
cubo de la basura
Poštni nabiralnik
buzón de correo
Vrt
jardín

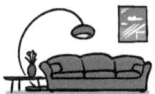

Dnevna soba

cuarto de estar

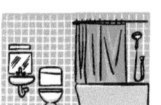

Kopalnica

cuarto de baño

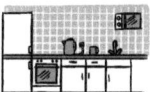

Kuhinja

cocina

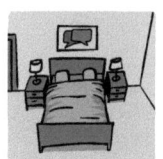

Spalnica

dormitorio

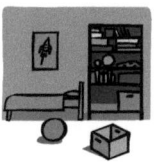

Otroška soba

cuarto de los niños

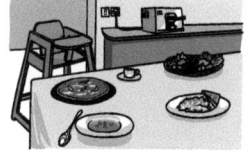

Jedilnica

comedor

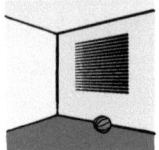

Tla

piso

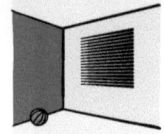

Stena

pared

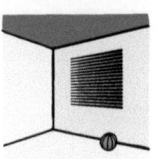

Strop

cielorraso

Klet

sótano

Savna

sauna

Balkon

balcón

Terasa

terraza

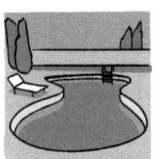

Bazen

piscina

Kosilnica

cortacésped

Rjuha

funda nórdica

Posteljno pregrinjalo

edredón

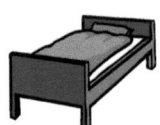

Postelja

cama

Metla

escoba

Vedro

cubo

Stikalo

interruptor

Dnevna soba

cuarto de estar

Tapeta
papel para empapelar
Slika
imagen
Svetilka
lámpara
Polica
estante
Omara
gabinete
Televizor
televisor
Kamin
hogar
Cvetlica
flor
Blazina
cojín
Zofa
sofá
Vaza
florero
Daljinski upravljalnik
control remoto

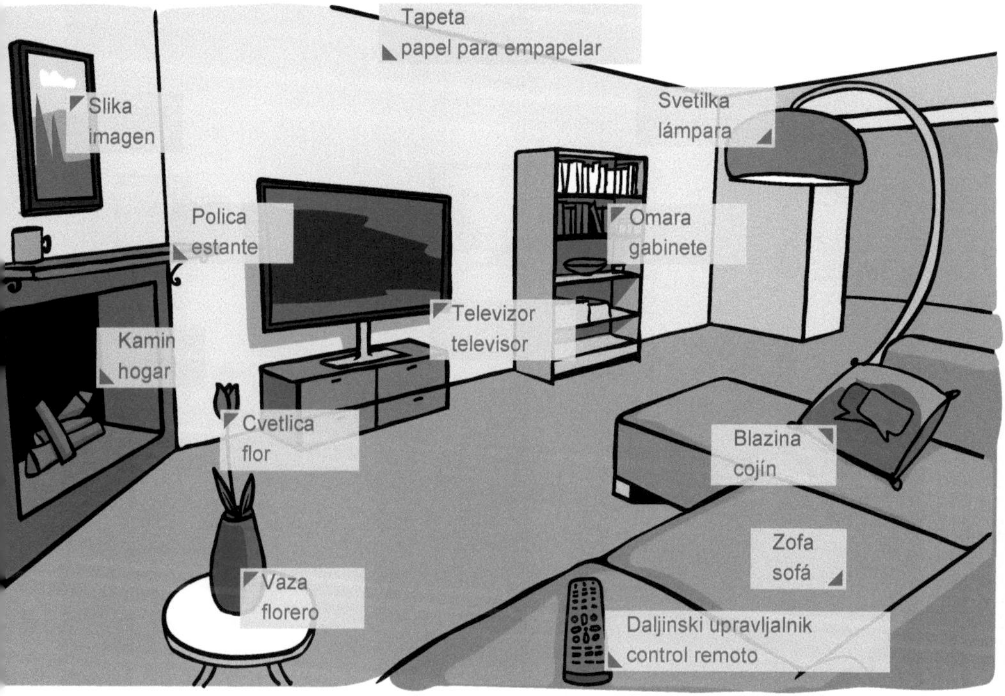

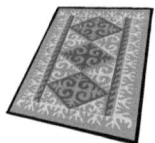

Preproga
alfombra

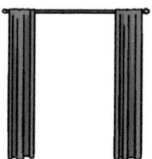

Zavesa
cortina

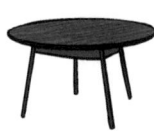

Miza
mesa

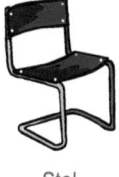

Stol
silla

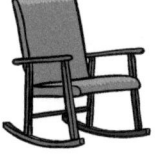

Gugalnik
mecedora

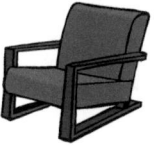

Naslanjač
sillón

Knjiga
libro

Odeja
frazada

Dekoracija
decoración

Drva
leña

Film
film

Glasbeni stolp
equipo estereofónico

Ključ
llave

Časopis
periódico

Slika
cuadro

Plakat
póster

Radio
radio

Beležka
bloc de notas

Sesalnik
aspiradora

Kaktus
cactus

Sveča
vela

Kuhinja
cocina

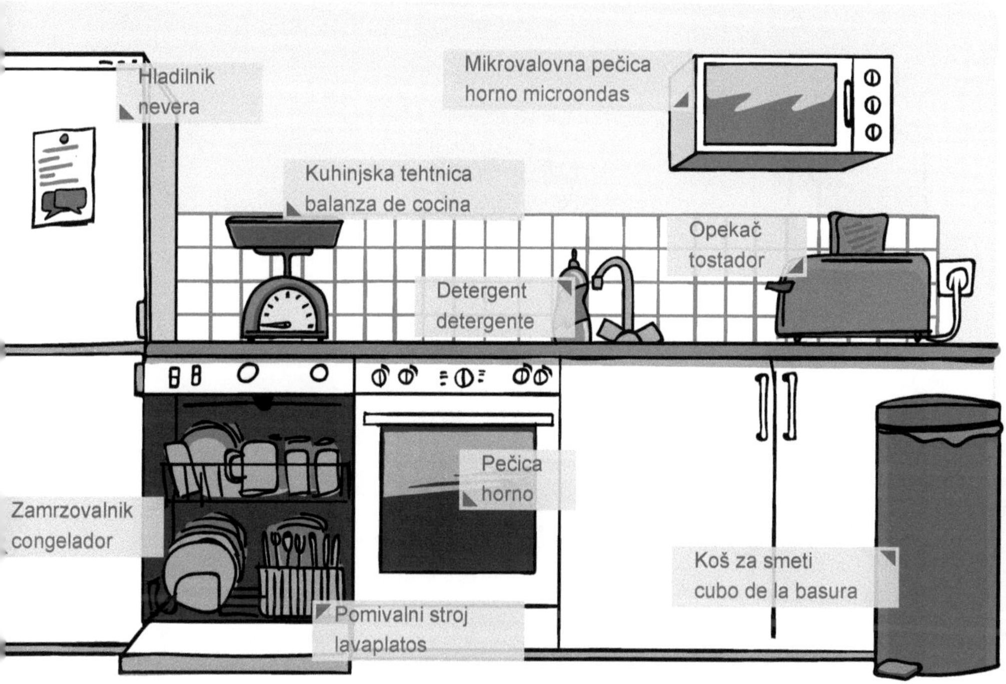

Hladilnik
nevera
Mikrovalovna pečica
horno microondas
Kuhinjska tehtnica
balanza de cocina
Opekač
tostador
Detergent
detergente
Pečica
horno
Zamrzovalnik
congelador
Koš za smeti
cubo de la basura
Pomivalni stroj
lavaplatos

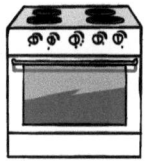

Kozica
....
cocina

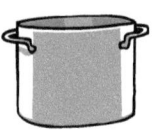

Lonec
....
olla

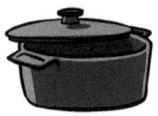

Litoželezni lonec
....
olla de fundición de hierro

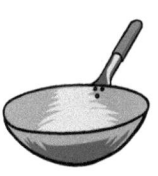

Vok / kadai
....
wok / kadai

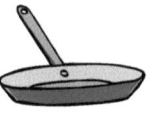

Ponev
....
sartén

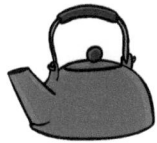

Kotliček
....
hervidor de agua

Parni kuhalnik

olla de vapor

Pekač

bandeja de horno

Posoda

vajilla

Skodelica

vaso

Skleda

bol

Jedilne paličice

palillos para comer

Zajemalka

cucharón de sopa

Lopatica

espátula

Metlica

batidor

Cedilnik

colador

Cedilo

cedazo

Strgalo

rallador

Možnar

mortero

Žar

parrillada

Ognjišče

fogata

Deska za rezanje

tabla de picar

Valjar

rodillo

Odpirač za steklenice

sacacorchos

Pločevinka

lata

Odpirač za konzerve

abrelatas

Prijemalka za posodo

agarrador

Korito

fregadero

Ščetka

cepillo

Goba

esponja

Mešalnik

batidora

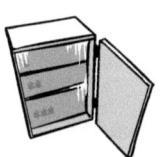

Zamrzovalna skrinja

arcón congelador

Steklenička

biberón

Pipa

grifo

Kopalnica

cuarto de baño

Ogrevanje
calefacción
Brisača
toalla
Prha
ducha
Zavesa za prho
cortina para ducha
Peneča kopel
baño de espuma
Kopalna kad
bañera
Kozarec
vaso
Pralni stroj
lavadora
Pipa
grifo
Ploščice
baldosa
Kahlica
orinal
Korito
fregadero

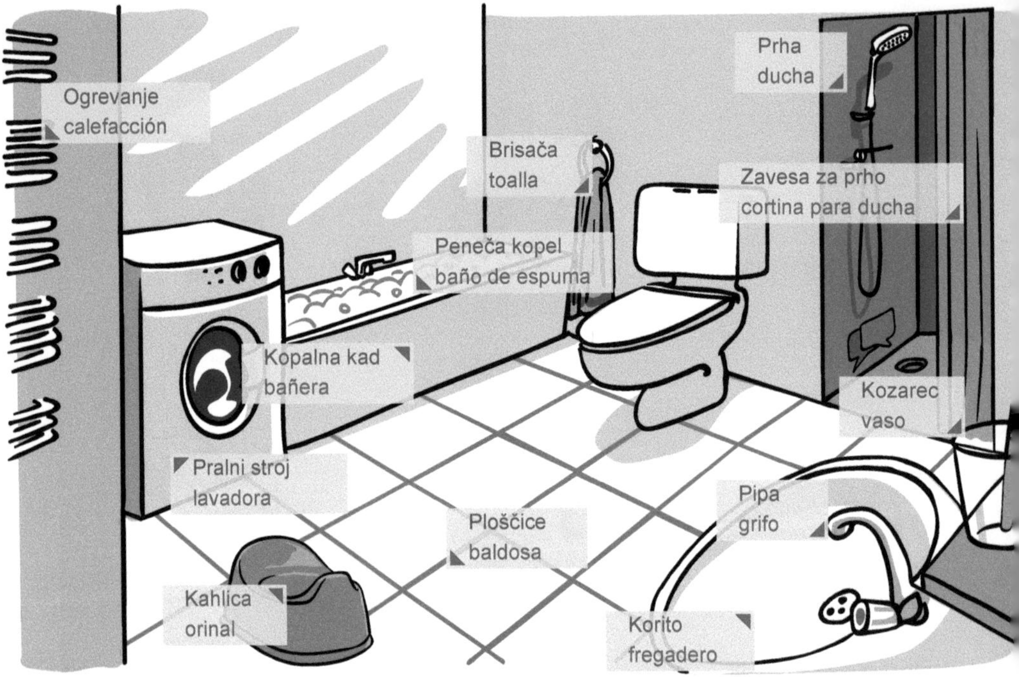

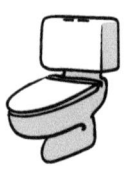

Stranišče

cuarto de baño

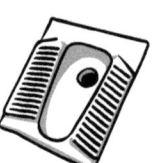

Stranišče na počep

placa turca

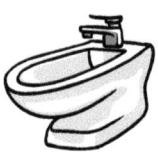

Bide

bidé

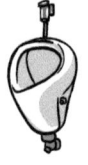

Pisoar

urinario

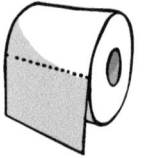

Toaletni papir

papel higiénico

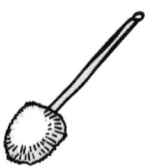

Ščetka za straniščno školjko

escobilla para el cuarto de baño

Zobna ščetka

cepillo de dientes

Zobna pasta

pasta dentífrica

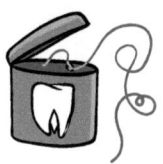

Zobna nitka

seda dental

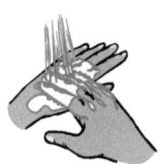

Umiti se

lavar

Ročna prha

ducha teléfono

Prha za intimne dele

ducha higiénica

Umivalnik

cuenco

Krtača za hrbet

cepillo para la espalda

Milo

jabón

Gel za prhanje

gel de ducha

Šampon

champú

Krpica za miljenje

manopla para baño

Odtok

desagüe

Krema

crema

Deodorant

desodorante

Ogledalo

espejo

Ročno ogledalo

espejo de maquillaje

Britvica

máquina de afeitar

Pena za britje

espuma de afeitar

Vodica po britju

loción para después del
afeitado

Glavnik

peine

Ščetka

cepillo

Sušilnik za lase

secador para cabello

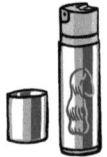

Lak za lase

laca de peinado

Ličila

maquillaje

Šminka

lápiz labial

Lak za nohte

laca para uñas

Vatirane blazinice

algodón

Škarjice za nohte

tijera para uñas

Parfum

perfume

Toaletna torbica

neceser

Stol brez naslonjala

taburete

Osebna tehtnica

balanza

Kopalni plašč

bata de baño

Gumijaste rokavice

guantes de goma

Tampon

tampón

Damski vložki

compresa

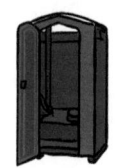

Kemično stranišče

wáter químico

Otroška soba

cuarto de los niños

Budilka
despertador
Plišasta igrača
animal de peluche
Avtomobilček
auto de juguete
Ropotuljica
sonajero
Hiška za punčke
casa de muñecas
Darilo
obsequio

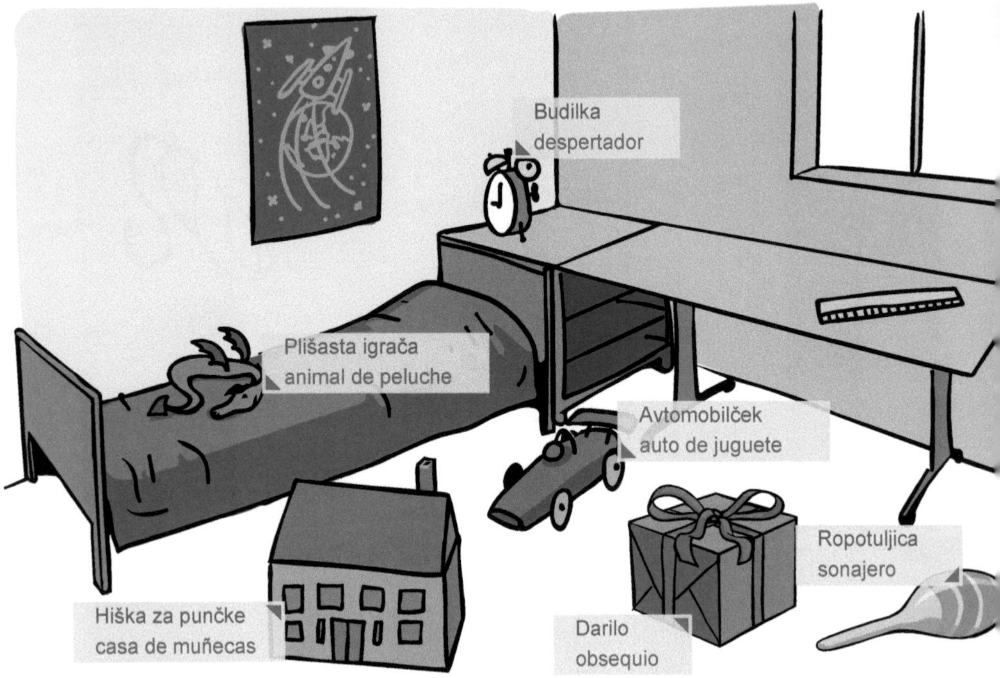

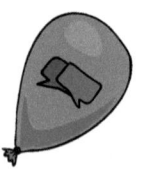

Balon

globo

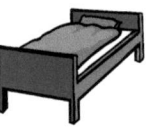

Postelja

cama

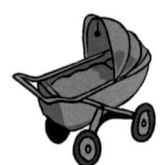

Otroški voziček

cochecito para niños

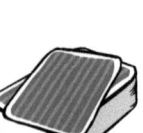

Igralne karte

juego de barajas

Sestavljanka

rompecabezas

SUPER MEGA

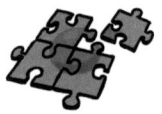

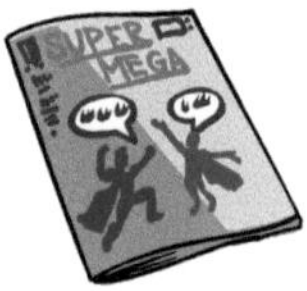

Strip

cómic

Lego kocke

piezas de Lego

Igralne kocke

bloques para jugar

Akcijska figura

figura de acción

Bodi

pijama de una pieza

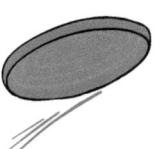

Frizbi

frisbee

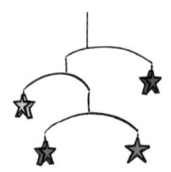

Vrtiljak za posteljico

móvil

Namizna igra

juego de mesa

Kocka

dado

Komplet modelov vlakov

tren eléctrico a escala

Duda

chupete

Zabava

fiesta

Slikanica

libro de dibujos

Žoga

pelota

Lutka

títere

Igrati se

jugar

Peskovnik
arenero

Gugalnica
columpio

Igrače
juguetes

Igralna konzola
consola de videojuego

Tricikel
triciclo

Plišasti medvedek
osito de peluche

Garderoba
guardarropa

Oblačilo
vestimenta

Nogavice
calcetines

Samostoječe nogavice
medias

Hlačne nogavice
panti

Šal
chal

Pas
cinturón

Dežnik
paraguas

Majica s kratkimi rokavi
camiseta

Športni copati
deportivas

Škornji
botas

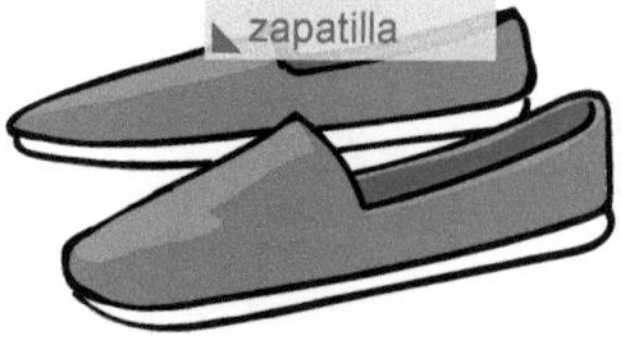

Copati
zapatilla

Sandali
....
sandalias

Čevlji
....
zapatos

Gumijasti škornji
....
botas de goma

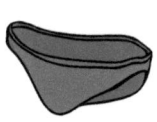

Spodnje hlače
....
ropa interior

Modrček
....
corpiño

Telovnik
....
camiseta

Bodi

body

Hlače

pantalón

Kavbojke

jeans

Krilo

falda

Bluza

blusa

Srajca

camisa

Pulover

pullover

Pletena jopica

sweater

Jopa

blazer

Jakna

chaqueta

Plašč

abrigo

Dežni plašč

impermeable

Kostim

traje chaqueta

Obleka

vestido

Poročna obleka

vestido de bodas

Obleka
traje

Spalna srajca
camisón

Pižama
pijama

Sari
sari

Naglavna ruta
pañuelo de cabeza

Turban
turbante

Burka
burka

Kaftan
caftán

Abaja
abaya

Kopalke
traje de baño

Kopalne hlače
bañador

Kratke hlače
shorts

Trenirka
chándal

Predpasnik
delantal

Rokavice
guante

Gumb

botón

Očala

gafa

Zapestnica

brazalete

Verižica

cadena

Prstan

anillo

Uhan

aro

Kapa

gorra

Obešalnik

percha

Klobuk

sombrero

Kravata

corbata

Zadrga

cierre a cremallera

Čelada

casco

Naramnice

tiradores

Šolska uniforma

uniforme escolar

Uniforma

uniforme

Slinček
babero

Duda
chupete

Plenica
pañal

Pisarna
oficina

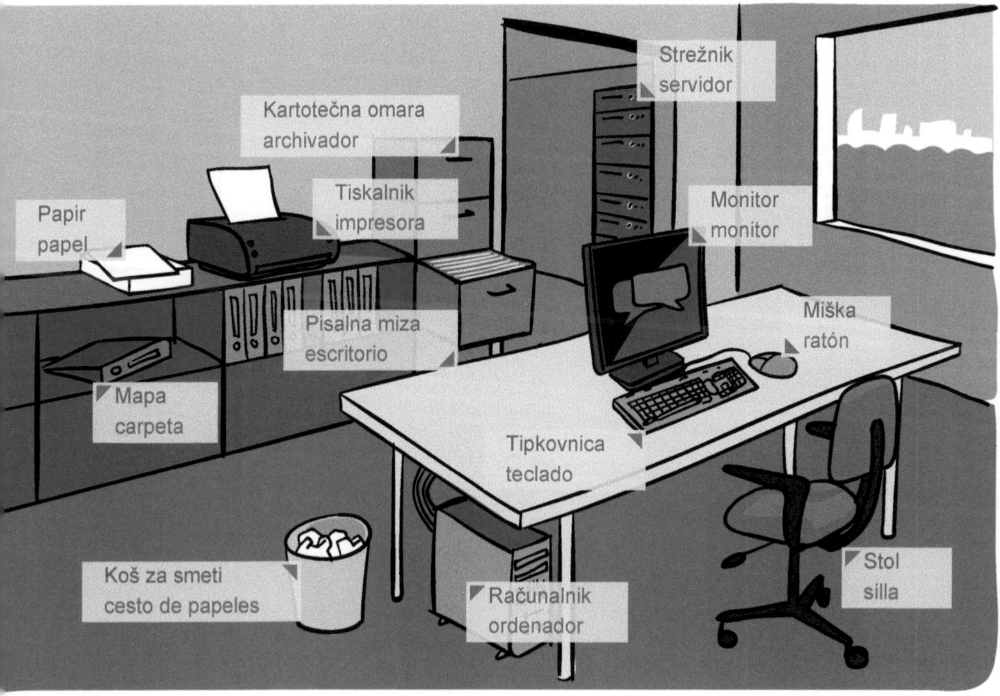

Strežnik
servidor

Kartotečna omara
archivador

Tiskalnik
impresora

Papir
papel

Monitor
monitor

Pisalna miza
escritorio

Miška
ratón

Mapa
carpeta

Tipkovnica
teclado

Koš za smeti
cesto de papeles

Stol
silla

Računalnik
ordenador

Lonček za kavo
taza de café

Kalkulator
calculadora

Internet
internet

Prenosnik

laptop

Pismo

carta

Sporočilo

mensaje

Mobilnik

teléfono móvil

Omrežje

red

Kopirni stroj

fotocopiadora

Programska oprema

software

Telefon

teléfono

Vtičnica

tomacorriente

Telefaks

máquina de fax

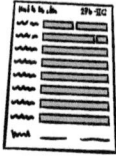

Obrazec

formulario

Dokument

documento

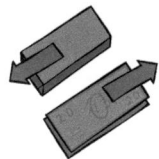

Kupiti
comprar

Plačati
pagar

Trgovati
comerciar

Denar
dinero

Dolar
dólar

Evro
euro

Jen
yen

Rubelj
rublo

Švičarski frank
franco

Kitajski juan renminbi
renminbi

Rupija
rupia

Bankomat
cajero automático

Menjalnica

casa de cambio

Zlato

oro

Srebro

plata

Nafta

petróleo

Energija

energía

Cena

precio

Pogodba

contrato

Davek

impuesto

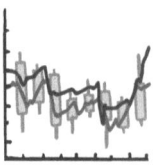

Delnice

acción

Delati

trabajar

Delojemalec

empleado

Delodajalec

empleador

Tovarna

fábrica

Trgovina

negocio

Poklici
ocupaciones

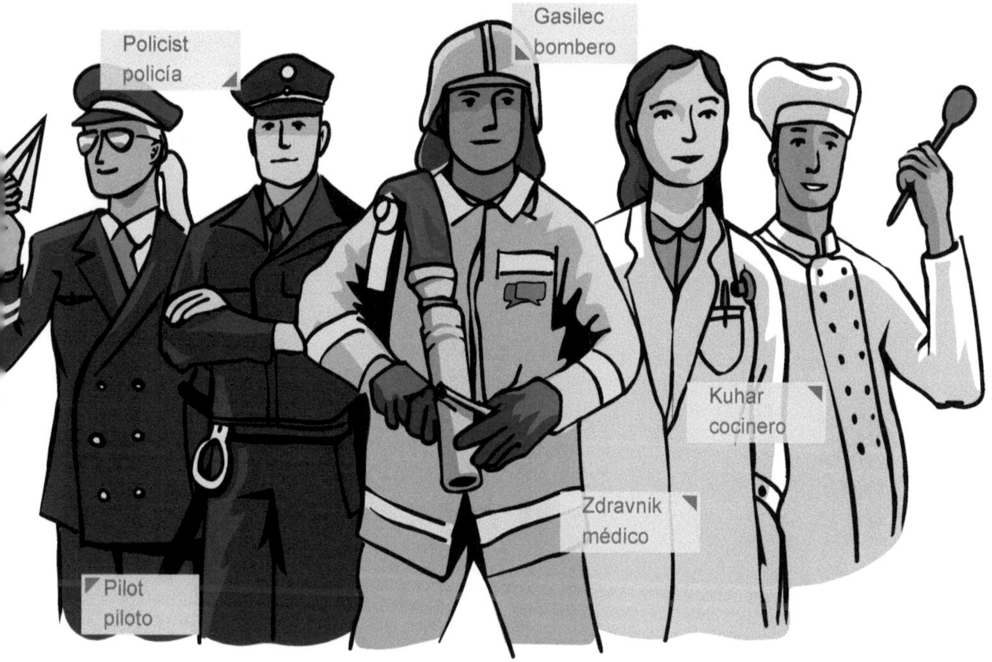
Policist
policía
Gasilec
bombero
Kuhar
cocinero
Zdravnik
médico
Pilot
piloto

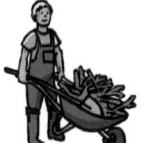

Vrtnar

jardinero

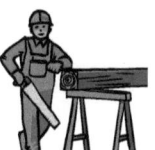

Mizar

carpintero

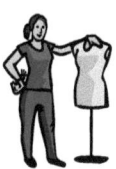

Šivilja

costurera

Sodnik

juez

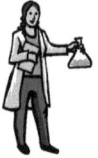

Kemik

químico

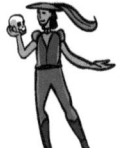

Igralec

actor

Voznik avtobusa

conductor de autobús

Taksist

taxista

Ribič

pescador

Čistilka

mujer de la limpieza

Krovec

techista

Natakar

camarero

Lovec

cazador

Pleskar

pintor

Pek

panadero

Električar

electricista

Gradbenik

albañil

Inženir

ingeniero

Mesar

carnicero

Vodovodni inštalater

fontanero

Poštar

cartero

Vojak

soldado

Arhitekt

arquitecto

Blagajnik

cajero

Cvetličar

florista

Frizer

peluquero

Sprevodnik

cobrador

Mehanik

mecánico

Kapitan

capitán

Zobozdravnik

odontólogo

Znanstvenik

científico

Rabin

rabino

Imam

imam

Menih

monje

Duhovnik

párroco

Orodje

herramientas

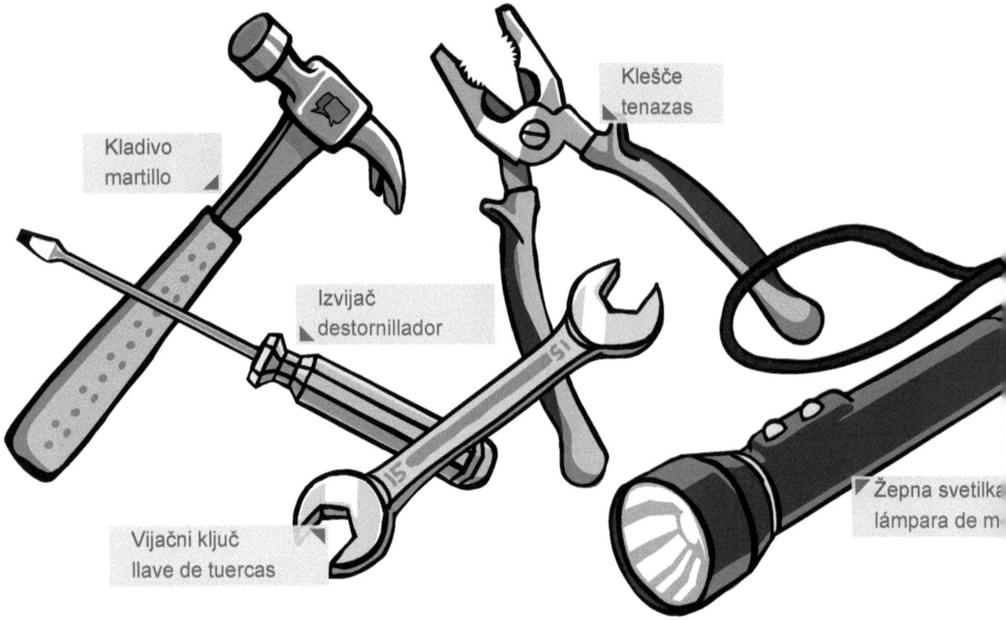
Kladivo
martillo
Klešče
tenazas
Izvijač
destornillador
Vijačni ključ
llave de tuercas
Žepna svetilk
lámpara de m

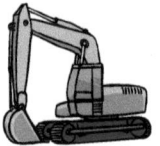

Bager

excavadora

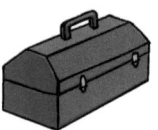

Zaboj z orodjem

caja de herramientas

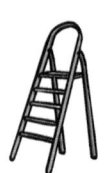

Lestev

escalerilla

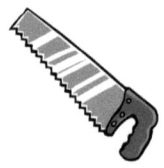

Žaga

serrucho

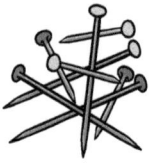

Žeblji

clavos

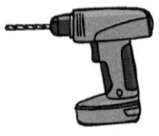

Vrtalnik

taladro

Popraviti

reparar

Lopata

pala

Šment!

¡Maldición!

Smetišnica

recogedor

Posoda z barvo

lata de pintura

Vijaki

tornillos

Glasbeni instrument
instrumentos musicales

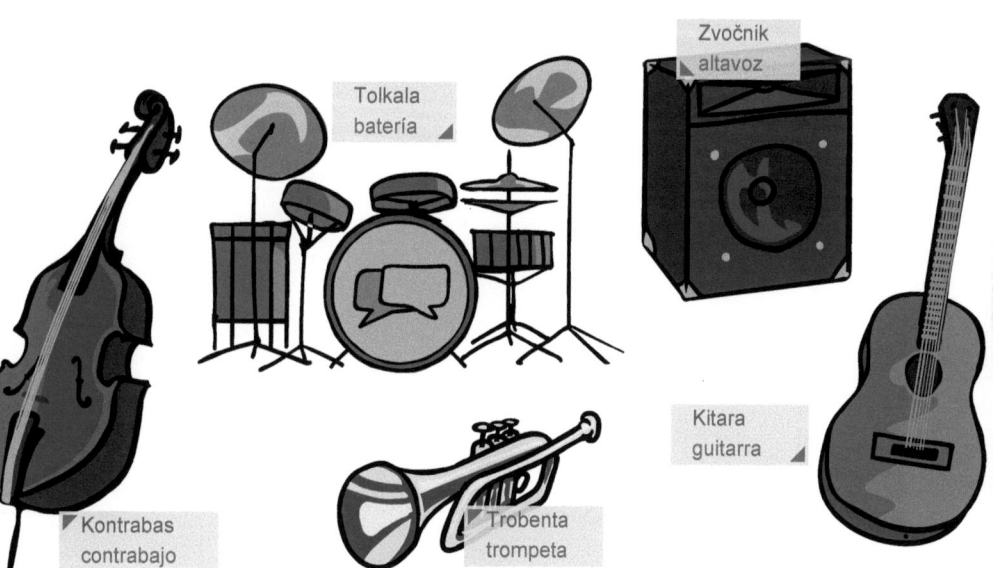

Zvočnik
altavoz

Tolkala
batería

Kitara
guitarra

Kontrabas
contrabajo

Trobenta
trompeta

Klavir

piano

Violina

violín

Bas kitara

bajo

Pavke

timbales

Bobni

tambor

Sintetizator

teclado

Saksofon

saxofón

Flavta

flauta

Mikrofon

micrófono

Živalski vrt

zoológico

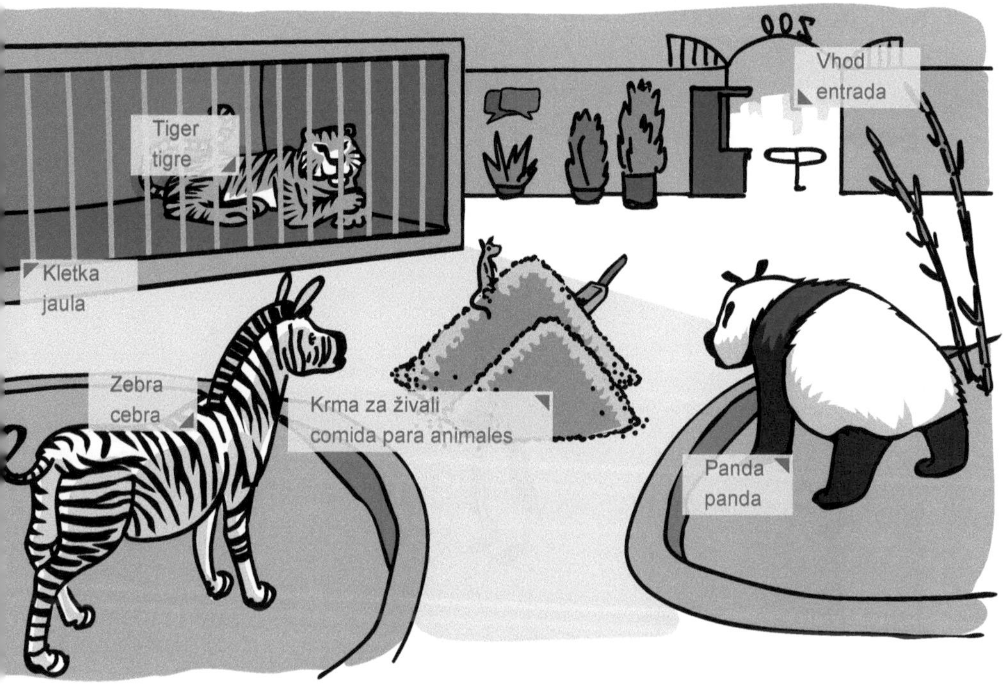
Tiger
tigre
Vhod
entrada
Kletka
jaula
Zebra
cebra
Krma za živali
comida para animales
Panda
panda

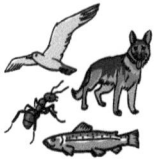

Živali

animales

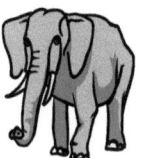

Slon

elefante

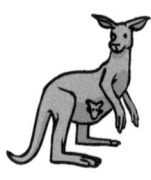

Kenguru

canguro

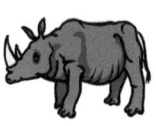

Nosorog

rinoceronte

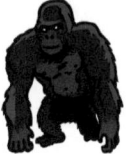

Gorila

gorila

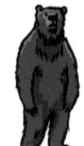

Medved

oso

Kamela

camello

Noj

avestruz

Lev

león

Opica

mono

Plamenec

flamengo

Papagaj

papagayo

Severni medved

oso polar

Pingvin

pingüino

Morski pes

tiburón

Pav

pavo real

Kača

serpiente

Krokodil

cocodrilo

Oskrbnik v živalskem vrtu

cuidador del zoológico

Tjulenj

foca

Jaguar

jaguar

Poni

pony

Leopard

leopardo

Povodni konj

hipopótamo

Žirafa

jirafa

Orel

águila

Divji prašič

jabalí

Riba

pescado

Želva

tortuga

Mrož

morsa

Lisica

zorro

Gazela

gacela

Ameriški nogomet
fútbol americano

Kolesarjenje
ciclismo

Tenis
tenis

Košarka
baloncesto

Plavanje
natación

Boks
boxeo

Hokej
hockey sobre hielo

Nogomet
....
fútbol

Badminton
....
badminton

Atletika
....
atletismo

Rokomet
....
balonmano

Smučanje
....
esquí

Polo
....
polo

Dejavnosti
actividades

Skočiti
saltar
Objeti
abrazar
Smejati se
reír
Hoditi
caminar
Peti
cantar
Sanjati
soñar
Moliti
rezar
Poljubiti
besar

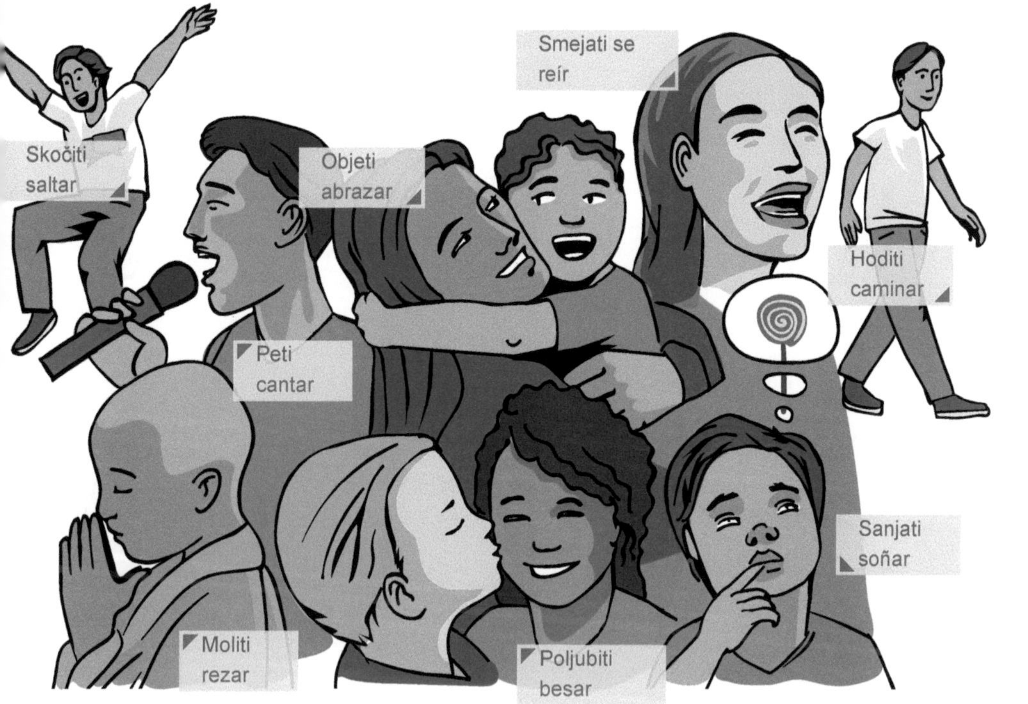

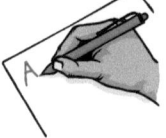

Pisati

escribir

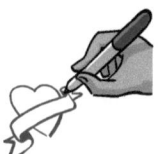

Risati

dibujar

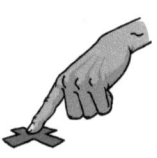

Pokazati

mostrar

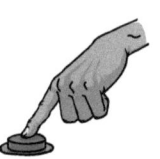

Potisniti

presionar

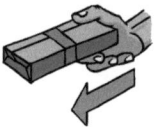

Dati

dar

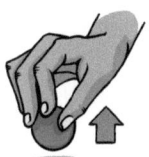

Vzeti

tomar

Imeti

tener

Narediti

hacer

Biti

ser

Stati

estar de pie

Teči

correr

Vleči

tirar

Vreči

arrojar

Pasti

caer

Ležati

estar acostado

Čakati

esperar

Nositi

llevar

Sedeti

estar sentado

Obleči se

vestirse

Spati

dormir

Zbuditi se

despertar

Gledati

mirar

Jokati

llorar

Božati

acariciar

Česati se

peinarse

Govoriti

conversar

Razumeti

entender

Vprašati

preguntar

Poslušati

oír

Piti

beber

Jesti

comer

Pospraviti

asear

Ljubiti

amar

Kuhati

cocinar

Voziti

conducir

Leteti

volar

Jadrati

navegar

Računanje

calcular

Brati

leer

Učiti se

aprender

Delati

trabajar

Poročiti se

casarse

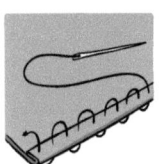

Šivati

coser

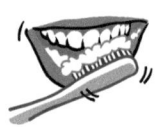

Ščetkati si zobe

limpiarse los dientes

Ubiti

matar

Kaditi

fumar

Poslati

enviar

Stara mati
abuela

Stari oče
abuelo

Oče
padre

Mati
madre

Dojenček
bebé

Hči
hija

Sin
hijo

Gost

invitado

Teta

tía

Stric

tío

Brat

hermano

Sestra

hermana

Telo
cuerpo

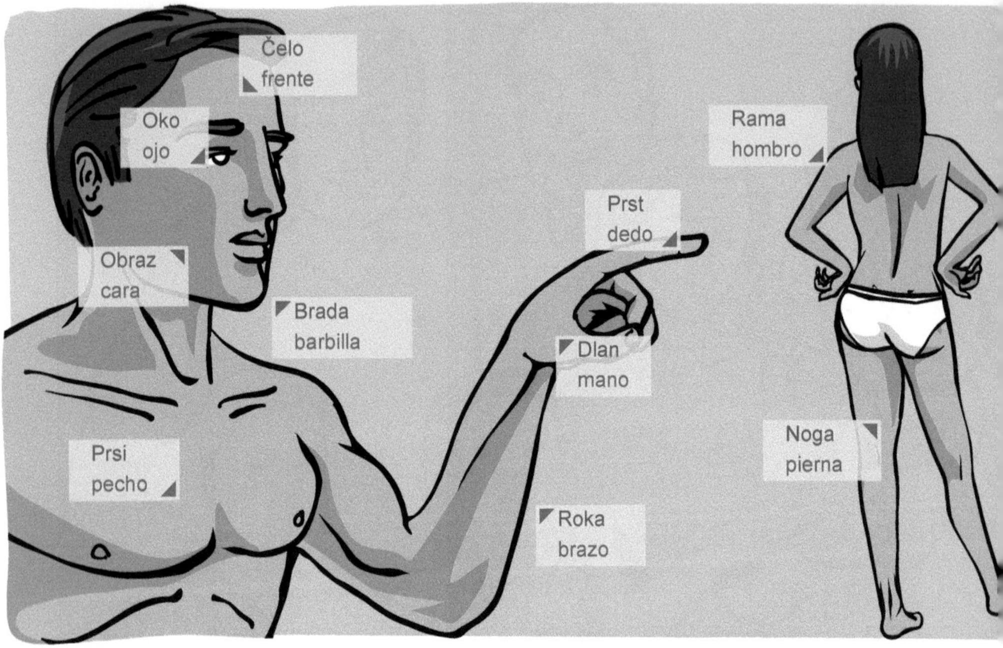

Čelo
frente

Oko
ojo

Rama
hombro

Prst
dedo

Obraz
cara

Brada
barbilla

Dlan
mano

Prsi
pecho

Noga
pierna

Roka
brazo

Dojenček

bebé

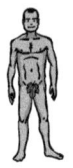

Človek

hombre

Ženska

mujer

Dekle

muchacha

Fant

joven

Glava

cabeza

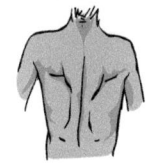

Hrbet

espalda

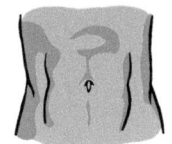

Trebuh

vientre

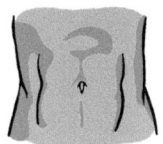

Popek

ombligo

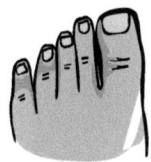

Prst na nogi

dedo del pie

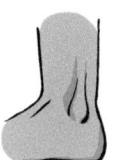

Peta

talón

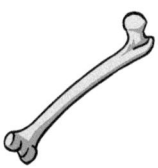

Kost

hueso

Kolk

cadera

Koleno

rodilla

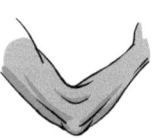

Komolec

codo

Nos

nariz

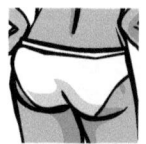

Zadnjica

trasero

Koža

piel

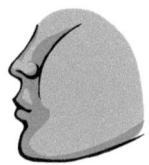

Lice

mejilla

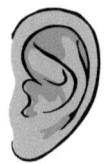

Uho

oreja

Ustnica

labio

Usta

boca

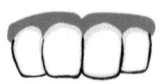

Zob

diente

Jezik

lengua

Možgani

cerebro

Srce

corazón

Mišica

músculo

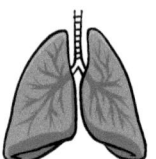

Pljuča

pulmón

Jetra

hígado

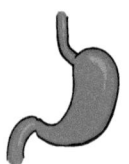

Želodec

estómago

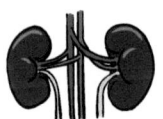

Ledvice

riñones

Spolni odnos

relación sexual

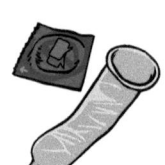

Kondom

condón

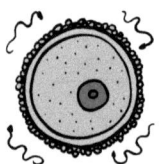

Jajčece

Óvulo

Semenska tekočina

esperma

Nosečnost

embarazo

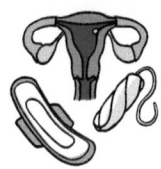

Menstruacija

menstruación

Vagina

vagina

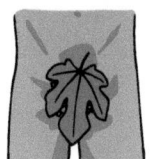

Penis

pene

Obrv

ceja

Lasje

cabello

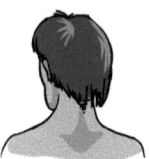

Vrat

cuello

Bolnišnica
hospital

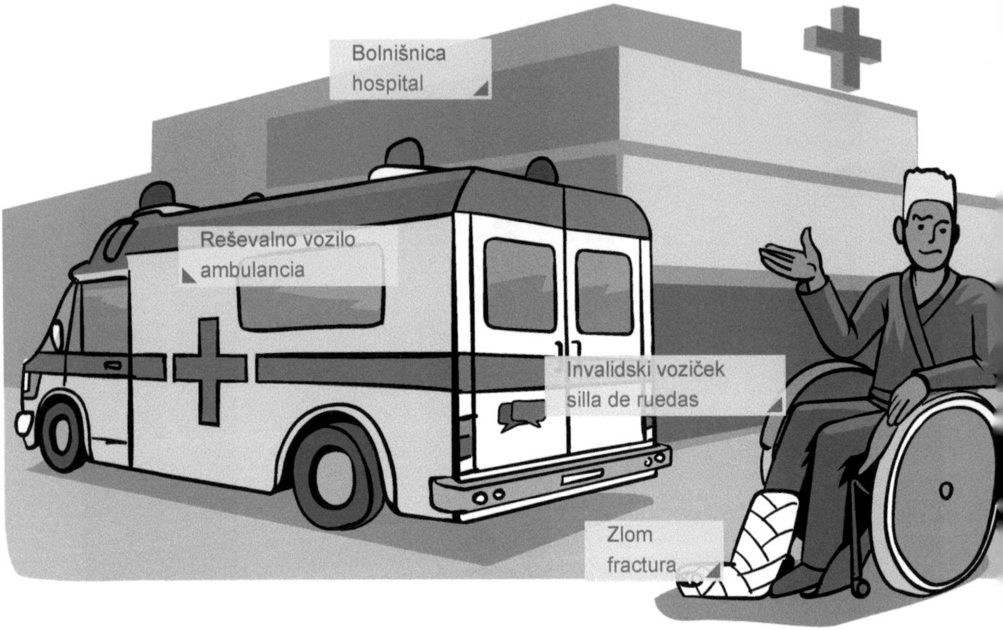

Bolnišnica
hospital
Reševalno vozilo
ambulancia
Invalidski voziček
silla de ruedas
Zlom
fractura

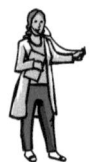

Zdravnik
médico

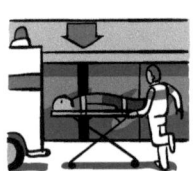

Urgenca
admisión de urgencia

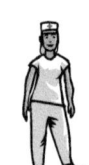

Medicinska sestra
enfermera

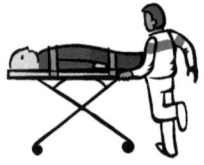

Nujni primer
emergencia

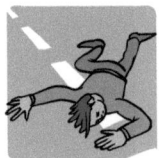

Nezavesten
inconsciente

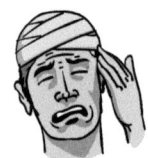

Bolečina
dolor

Poškodba

lesión

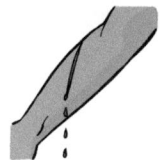

Krvavenje

hemorragia

Srčni infarkt

infarto de miocardio

Kap

apoplejía cerebral

Alergija

alergia

Kašelj

tos

Vročina

fiebre

Gripa

gripe

Driska

diarrea

Glavobol

dolor de cabeza

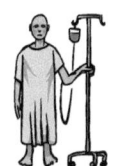

Rak

cáncer

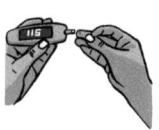

Sladkorna bolezen

diabetes

Kirurg

cirujano

Skalpel

escalpelo

Operacija

operación

CT

TC

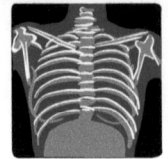

Rentgen

rayos X

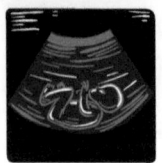

Ultrazvok

ultrasonido

Obrazna maska

máscara

Bolezen

enfermedad

Čakalnica

sala de espera

Bergla

muleta

Obliž

emplasto

Preveza

vendaje

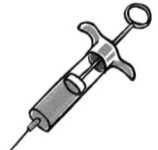

Injekcija

inyección

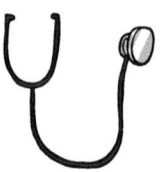

Stetoskop

estetoscopio

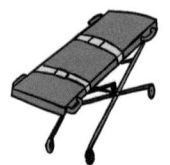

Nosila

camilla

Klinični termometer

termómetro

Porod

nacimiento

Prekomerna teža

sobrepeso

Slušni pripomoček

audífono

Razkužilo

desinfectante

Okužba

infección

Virus

virus

HIV / AIDS

VIH / SIDA

Medicina

medicina

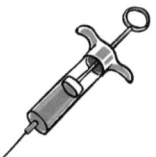

Cepljenje

vacunación

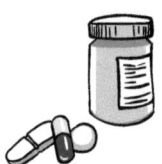

Tablete

comprimido

Tableta

píldora anticonceptiva

Klic v sili

llamada de emergencia

Merilnik krvnega tlaka

medidor de presión arterial

bolano / zdravo

enfermo / saludable

Na pomoč!

¡Ayuda!

Alarm

alarma

Napad

asalto

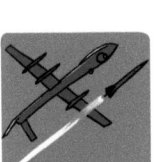

Napad

ataque

Nevarnost

peligro

Izhod v sili

salida de emergencia

Gori!

¡Fuego!

Gasilni aparat

extintor

Nezgoda

accidente

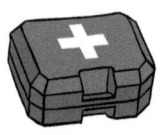

Komplet za prvo pomoč

kit de primeros auxilios

SOS

SOS

Policija

Policía

Evropa

Europa

Severna Amerika

América del Norte

Južna Amerika

América del Sur

Afrika

África

Azija

Asia

Avstralija

Australia

Atlantski ocean

Atlántico

Tihi ocean

Pacífico

Indijski ocean

Océano Índico

Južni ocean

Océano Antártico

Arktični ocean

Océano Ártico

Severni tečaj

Polo Norte

Južni tečaj

Polo Sur

Antarktika

Antártida

Zemlja

Tierra

Kopno

país

Morje

mar

Otok

isla

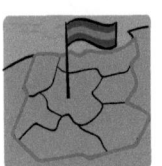

Narod

nación

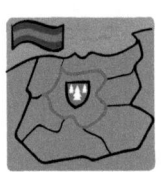

Država

Estado

Številčnica

cuadrante

Urni kazalec

horario

Minutni kazalec

minutero

Sekundni kazalec

segundero

Koliko je ura?

¿Qué hora es?

Dan

día

Čas

tiempo

Zdaj

ahora

Digitalna ura

reloj digital

Minuta

minuto

Ura

hora

Teden

semana

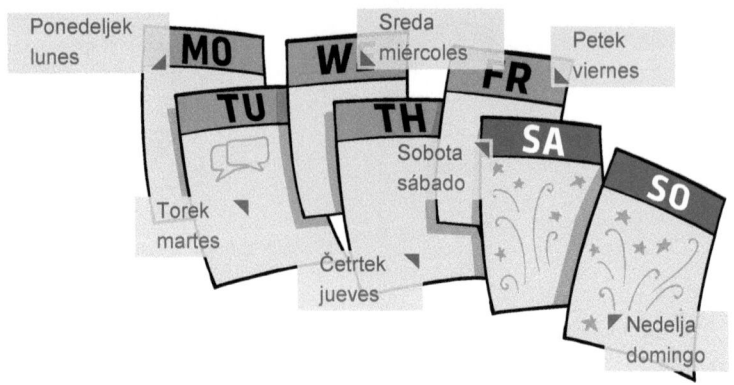

Ponedeljek
lunes

Sreda
miércoles

Petek
viernes

Torek
martes

Sobota
sábado

Četrtek
jueves

Nedelja
domingo

Včeraj

ayer

Danes

hoy

Jutri

mañana

Jutro

mañana

Poldne

mediodía

Večer

tarde

Delovni dnevi

jornada de trabajo

Konec tedna

fin de semana

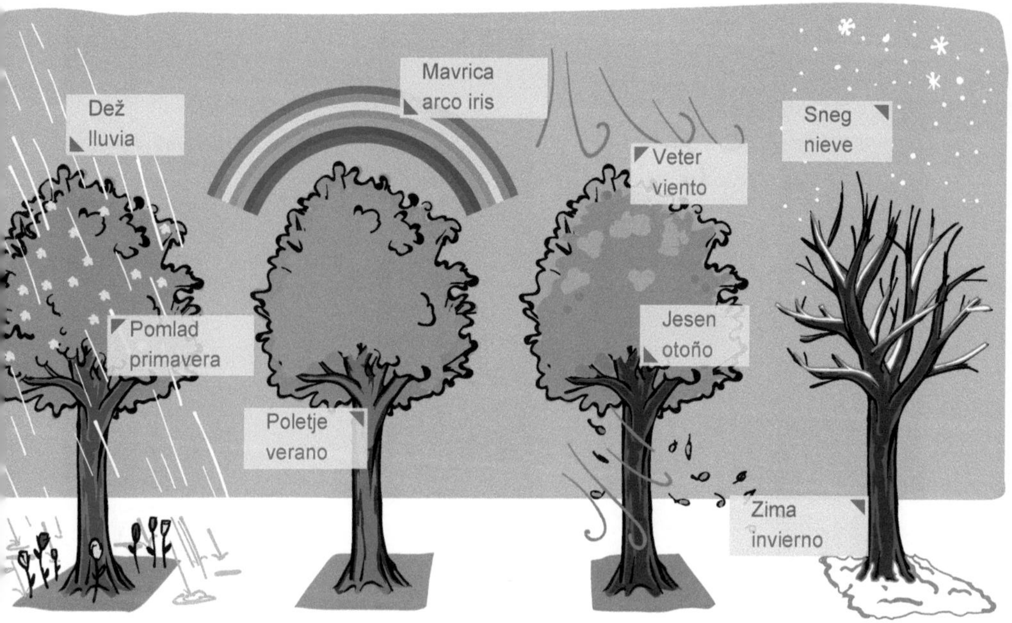

Dež
lluvia

Mavrica
arco iris

Veter
viento

Sneg
nieve

Pomlad
primavera

Jesen
otoño

Poletje
verano

Zima
invierno

4.APRIL	11°	
5.APRIL	4°	
6.APRIL	13°	
7.APRIL	8°	
8.APRIL	10°	

Vremenska napoved
....
ronóstico meteorológico

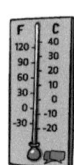

Termometer
....
termómetro

Sončna svetloba
....
luz solar

Oblak
....
nube

Megla
....
niebla

Vlažnost
....
humedad ambiente

Strela
....
relámpago

Grom
....
trueno

Nevihta
....
tormenta

Toča
....
granizo

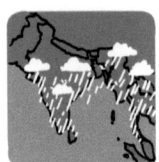

Monsun
....
monzón

Poplava
....
inundación

Led
....
hielo

Januar
....
enero

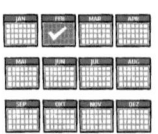

Februar
....
febrero

Marec
....
marzo

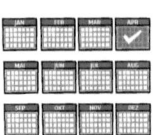

April
....
abril

Maj
....
mayo

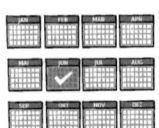

Junij
....
junio

Julij
....
julio

Avgust
....
agosto

September
....
septiembre

Oktober
....
octubre

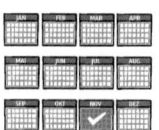

November
....
noviembre

December
....
diciembre

Krogla
....
círculo

Kvadrat
....
cuadrado

Pravokotnik
....
rectángulo

Trikotnik
....
triángulo

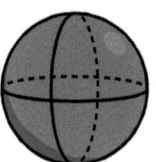

Krogla
....
esfera

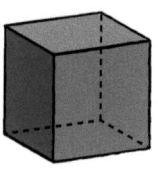

Kocka
....
cubo

Barve
colores

Bela

blanco

Rumena

amarillo

Oranžna

anaranjado

Rožnata

rosa

Rdeča

rojo

Vijolična

lila

Modra

azul

Zelena

verde

Rjava

marrón

Siva

gris

Črna

negro

veliko / malo

mucho / poco

jezno / umirjeno

enojado / calmado

lepo / grdo

bonito / feo

začetek / konec

comienzo / fin

veliko / majhno

grande / pequeño

svetlo / temno

claro / oscuro

brat / sestra

hermano / hermana

čisto / umazano

limpio / sucio

popolno / nepopolno

completo / incompleto

dan / noč

día / noche

mrtvo / živo

muerto / vivo

široko / ozko

ancho / angosto

užitno / neužitno

disfrutable / no disfrutable

zlobno / prijazno

malo / amigable

vznemirjeno / zdolgočaseno

excitado / aburrido

debelo / vitko

gordo / delgado

prvo / zadnje

primero / último

prijatelj / sovražnik

amigo / enemigo

polno / prazno

lleno / vacío

trdo / mehko

duro / suave

težko / lahko

pesado / liviano

lakota / žeja

hambre / sed

bolano / zdravo

enfermo / saludable

nezakonito / zakonito

ilegal / legal

pametno / neumno

inteligente / tonto

levo / desno

izquierda / derecha

blizu / daleč

cercano / lejano

novo / rabljeno

nuevo / usado

nič / nekaj

nada / algo

staro / mlado

viejo / joven

vklopljeno / izklopljeno

encendido / apagado

odprto / zaprto

abierto / cerrado

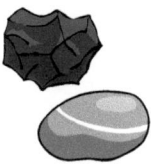

tiho / glasno

bajo / fuerte

bogato / revno

rico / pobre

prav / narobe

correcto / incorrecto

grobo / gladko

áspero / liso

žalostno / veselo

triste / alegre

kratko / dolgo

breve / extenso

počasi / hitro

lento / veloz

mokro / suho

mojado / seco

toplo / hladno

caliente / frío

vojna / mir

guerra / paz

0

Ničla

cero

1

Ena

uno

2

Dva

dos

3

Tri

tres

4

Štiri

cuatro

5

Pet

cinco

6

Šest

seis

7

Sedem

siete

8

Osem

ocho

9

Devet

nueve

10

Deset

diez

11

Enajst

once

12

Dvanajst

doce

13

Trinajst

trece

14

Štirinajst

catorce

15

Petnajst

quince

16

Šestnajst

dieciséis

17

Sedemnajst

diecisiete

18

Osemnajst

dieciocho

19

Devetnajst

diecinueve

20

Dvajset

veinte

100

Sto

cien

1.000

Tisoč

mil

1.000.000

Milijon

millón

idiomas

Angleščina

inglés

Ameriška angleščina

inglés estadounidense

Mandarinščina

chino mandarín

Hindujščina

hindi

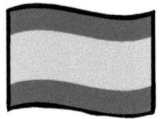

Španščina

español

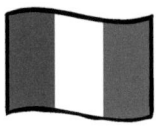

Francoščina

francés

Arabščina

árabe

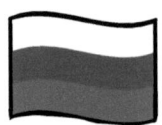

Ruščina

ruso

Portugalščina

portugués

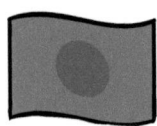

Bengalščina

bengalí

Nemščina

alemán

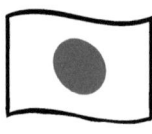

Japonščina

japonés

Jaz

yo

Ti

tú

On / ona / tisto

él / ella

Mi

nosotros

Vi

vosotros

Oni

ellos

Kdo?

¿quién?

Kaj?

¿qué?

Kako?

¿cómo?

Kje?

¿dónde?

Kdaj?

¿cuándo?

Ime

nombre

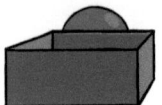

Zadaj

detrás

V

en

Pred

delante de

Nad

encima de

Na

sobre

Pod

debajo de

Poleg

junto a

Med

entre

Kraj

lugar